BRIGADE FINANCIÈRE

Hugues LEFORESTIER

Éditions ART ET COMÉDIE
3, rue de Marivaux
75002 PARIS

BRIGADE FINANCIÈRE

a été créée le 6 juillet 2013
au Théâtre des 3 Soleils à Avignon

Avec

Nathalie Mann

Jean-Marie Galey

Mise en scène : Anne Bourgeois
Costumes : Compagnie Fracasse
Décors : Compagnie Fracasse

NOTE SUR L'AUTEUR

Auteur d'un premier roman, *Quelques heures à vivre*, édité par Françoise Verny chez Flammarion, Hugues Leforestier a sorti en 2012 chez Jigal un polar politique, *Réseau d'état*, extrêmement documenté, nerveux et efficace sur les coulisses du pouvoir. Un parcours atypique puisqu'il fut tour à tour et parfois simultanément, conseil en gestion, directeur financier, directeur de banque, script doctor, comédien, directeur de théâtre… Sa connaissance très fine des milieux financiers lui est un atout précieux pour déchiffrer la mainmise des banques et de quelques grands groupes sur les politiques de nos États. *Brigade Financière* est sa première pièce.

SCÈNE 1
Mardi, 11 heures

*ELLE entre dans le bureau, un dossier sous le bras. LUI est assis,
son portable à l'oreille.*

ELLE. – Je vous prie de m'excuser.

LUI, *à son interlocuteur.* – Je te laisse, il faut que j'y aille maintenant. *(Il raccroche.)* Je vous en prie.

ELLE. – Non, vraiment. Un cas un peu difficile à traiter.

LUI. – Le quotidien, j'imagine ?

ELLE, *souriant.* – Il y a aussi des cas faciles.

LUI. – Comme le mien ?

*Elle s'assoit, place en évidence un dictaphone sur le bureau,
l'actionne et ouvre son dossier qu'elle consulte.*

ELLE. – Merci d'être venu. Je ne vous ai pas fait attendre trop
longtemps ?

LUI. – J'ai eu le temps de passer un ou deux coups de fil.

ELLE relève la tête.

ELLE. – Vous êtes content de votre portable ?

Lui, *un peu énervé.* – Très. Content, content. Content de ma voiture, de mon costume, de mon coiffeur…

Elle. – Parfait. Je vais vous demander de bien vouloir l'éteindre.

Lui. – Vous plaisantez ?

Elle. – Ça m'arrive. Pas aussi souvent que je l'aimerais ces jours-ci, mais ça m'arrive.

Lui. – Et si l'Élysée cherche à me joindre ?

Elle. – Ils devraient arriver à se passer de vous cinq minutes. Ils savent où vous êtes. Il leur suffira de m'appeler.

Lui. – Vous savez à qui vous parlez ?

Elle. – Et vous ? Il y a deux portes dans ce bureau : celle par laquelle vous êtes entré, et celle qui se trouve derrière moi et qui mène au dépôt. Dans un instant, vous sortirez par l'une ou par l'autre.

Lui. – Bien. À ce stade, je souhaiterais la présence de mon avocat.

Elle. – Votre avocat sera prévenu en cas de garde à vue bien sûr, et vous aurez alors une demi-heure pour vous entretenir avec lui. Mais à ce stade, il s'agit d'une audition libre, pour laquelle il n'est pas requis. Et puis, avec votre avocat vous verriez arriver les journalistes. C'est ce que vous souhaitez ?

Lui. – Parce que vous oseriez prévenir la presse ?

Elle. – Votre avocat s'en chargera très bien lui-même. Ce sera l'occasion pour lui de médiatiser son cabinet. Il pourra passer du coup ses honoraires de quatre cents à cinq cents euros de l'heure, et envisager un yacht, plutôt qu'un voilier. Auriez-vous l'obligeance d'éteindre votre portable ?

Lui, *s'exécutant.* – Ça commence bien.

Elle. – Ce n'est pas tellement comment ça commence qui importe, c'est comment ça se finit.

Lui, *très calme*. – Vous essayez de me faire peur ?

Elle. – Vous avez des raisons d'avoir peur ? *(Elle pousse un papier vers lui.)* C'est votre signature, là ? *(Il prend le papier et acquiesce.)* Je peux voir votre carte d'identité ? *(Il la lui tend.)* Merci. C'est la même signature.

Lui. – Oui, bien sûr.

Elle. – Vous n'en avez pas d'autre ?

Lui. – Non. J'ai cessé d'imiter la signature de mon père depuis que j'ai eu des bonnes notes au collège.

Elle. – Vous n'avez qu'une signature…

Lui. – Ça vous amuse, hein ?

Elle. – Quoi donc ?

Lui. – D'avoir le pouvoir.

Elle. – Oh ! le pouvoir, c'est plutôt un truc d'homme !

Lui. – Quand même, ça vous a émoustillée de me parler du dépôt derrière cette porte.

Elle. – Si ça m'avait fait autant d'effet que ça, je vous aurais parlé des quatre mètres carrés de la cellule qui se trouve en dessous de nous, au quatrième étage, de la banquette de soixante centimètres de large sur laquelle personne n'arrive à dormir, de la paroi en verre par laquelle on vous voit vous curer le nez ou de la sonnette par laquelle il faut demander le droit d'aller aux toilettes. Non, monsieur, ça ne me fait aucun effet.

Lui. – Il y a des gens à qui vous réussissez à faire peur, avec ce genre de conneries ?

Elle. – Les gens qui sont assis à votre place n'ont pas vraiment besoin de moi pour avoir peur.

Lui. – Vous êtes comme un gardien de prison. Vous ne vous sentez pas impliquée dans la vie des autres. D'ailleurs, pourquoi le seriez-vous ? Vous êtes juste un fonctionnaire qui fait son travail, qui obéit et ne se pose pas de questions. Un rouage obéissant, qui punit en faisant semblant de ne pas y prendre de plaisir mais qui se trouve drôlement fortiche, le soir, quand elle a mis des gens un peu importants en prison.

Elle. – J'apprécie votre analyse psychologique, mais vous rendez mon boulot beaucoup plus exaltant qu'il ne l'est.

Lui. – Vraiment ?

Elle. – La plupart du temps, j'ai en face de moi des voyous. Ils se mentent à eux-mêmes, autant qu'ils mentent aux autres. Ils trichent, en cachette, et s'imaginent beaucoup plus forts qu'ils ne le sont.

Lui. – Et il n'y a jamais d'innocent ?

Elle. – C'est un concept relatif, l'innocence. Et peu répandu. En revanche, il y a une ligne à ne pas franchir, une ligne qui sépare d'un côté ceux qui font des photocopies en douce au bureau, et ceux qui se font construire une piscine olympique en truquant les comptes.

Lui. – Je n'ai pas de piscine.

Elle. – Je ne parlais pas de vous.

Lui. – Eh bien, peut-être pourrions-nous parler un peu de moi ? *(Silence.)* Vous avez fait deux perquisitions-surprises, à mon domicile et dans mes bureaux. Vous avez emporté mes dossiers, mes ordinateurs, ouvert mon courrier. Et hier votre assistant m'a demandé de lui apporter le détail de mes réductions d'impôt de ces trois dernières années.

Elle. – Mon collaborateur, pas mon assistant.

Lui. – Si vous voulez. Je les lui ai remis en arrivant à la brigade financière, il y a plus d'une heure, et il m'a conduit dans ce bureau.

Elle. – Oui ?

Lui. – Qu'est-ce que je fais là ?

Elle. – À votre avis ?

Lui. – Je n'en sais rien. En attendant, je rate tous mes rendez-vous.

Elle. – J'ai décidé de vous écouter. Je vous laisse une occasion de m'expliquer, de me faire comprendre votre point de vue, votre façon de travailler.

Lui. – Ce sera long. Je travaille beaucoup.

Elle. – J'ai tout mon temps.

Lui. – Pas moi.

Elle. – Il va falloir le prendre. Je vais vous écouter, seulement il va falloir me dire la vérité et ne rien me cacher. Parce que selon vos réponses, vous ressortirez libre ou mis en examen.

Lui. – Mais quelles réponses, bon sang ? Quelles sont les questions ?

Elle. – Avez-vous conduit certains de vos fournisseurs à sur-facturer pour payer des travaux de sécurité et d'embellissement dans vos propriétés ?

Lui. – Non.

Elle. – Vous êtes-vous rendu coupable d'abus de biens sociaux ?

Lui. – Non.

ELLE. – Avez-vous versé des pots-de-vin à des intermédiaires pour faciliter des ventes à l'étranger ?

LUI. – Non.

ELLE. – Avez-vous blanchi l'argent de rétrocommissions pour financer la caisse d'un parti politique ?

LUI. – Bien sûr que non !

ELLE. – Je vous remercie.

LUI. – Je peux partir ?

ELLE. – Pas tout de suite. *(Elle ouvre un registre, l'annote et le tend vers lui.)* Je vais vous demander de signer ce registre : c'est l'heure de début de votre garde à vue.

LUI. – Vous commettez une grosse erreur. Je suis innocent.

ELLE. – Je le préciserai sur le procès-verbal. *(Il signe le registre.)* Votre garde à vue va être notifiée à votre épouse, à votre société et à votre avocat. Les policiers de la brigade vont maintenant vous conduire en bas au quatrième étage. Vous voudrez bien leur remettre votre montre, votre ceinture, vos lacets et votre cravate avant d'entrer dans la cellule.

LUI. – J'y resterai combien de temps ?

ELLE. – Juste le temps que soit tapé le PV de notre entretien. *(Elle arrête le dictaphone et se lève.)* À tout à l'heure.

NOIR

SCÈNE 2

Mardi, 17 heures

Lumière. ELLE est assise sur son bureau et jette un coup d'œil au compte rendu. Elle se lève et va vers la porte du fond.

ELLE. – Faites entrer ! *(Elle va se rasseoir à son bureau. LUI entre. ELLE met en marche le dictaphone.)* Prenez place.

LUI. – Vous vous êtes bien foutue de moi !

ELLE. – Je vous demande pardon ?

LUI. – J'ai poireauté des heures dans votre cagibi !

ELLE. – Que voulez-vous, les secrétaires sont allées déjeuner.

LUI. – Je serais bien allé déjeuner moi aussi.

ELLE. – On ne vous a pas apporté de repas ?

LUI. – Cette cochonnerie ? Vous appelez ça un repas ? C'est infect !

ELLE. – Oui, nous avons déjà eu des reproches.

LUI. – Alors vos clients sont polis. C'est de la merde, votre bouffe ! Une truie empêcherait ses petits d'y goûter. Il y a probablement des armes chimiques qui feraient moins de dégâts que votre tambouille.

Elle. – Ça je ne sais pas. Les ventes d'armes, c'est plutôt votre domaine.

Lui. – Très drôle. Vous y avez déjà gouté, à cette infection ?

Elle. – Nous avons des tickets restaurant, je mange à l'extérieur.

Lui. – Vous avez de la chance. Et je vous signale qu'un P.-D.G. n'a pas droit aux tickets restaurant qu'il distribue à son personnel.

Elle. – Ce qui vous évite d'avoir l'air ridicule quand vous payez la note d'un trois étoiles. Heureusement, vous avez la carte bleue de la société.

Lui. – De MA société.

Elle. – Oui, financée par des actionnaires et gérée par des employés qui seraient bien contents de déjeuner aussi dans des palaces. *(Court silence.)* Bien. Ce n'est pas que ce débat culinaire n'ait pas son charme, mais j'ai du travail. Votre avocat, m'a-t-on dit, est en vacances ?

Lui. – Depuis deux jours. Vous ne le saviez pas en me convoquant aujourd'hui ?

Elle. – Non, sinon vous pensez bien que j'aurais organisé cette réunion sur l'île des Seychelles, où il est parti inquiéter de paisibles requins. Vous vous êtes néanmoins entretenu au téléphone avec lui, à la suite de quoi on me dit que vous refusez la présence d'un commis d'office ?

Lui. – En effet.

Elle. – Si c'est pour que votre avocat conteste ensuite la garde à vue, c'est une ruse inutile. Tous nos entretiens feront l'objet d'une captation vidéo. Si vous voulez sourire en vous tournant ici et là, vous verrez que nous sommes filmés.

Lui. – Ce n'est pas une grosse production.

Elle. – Vous n'êtes pas encore une grosse vedette. Veuillez signer ce compte rendu, s'il vous plaît.

Elle lui tend le papier qu'il saisit. Il le lit.

Lui. – Pourquoi ai-je l'impression que c'est édulcoré, et qu'il manque vos menaces de ce matin sur la cellule de rétention ?

Elle. – Vous voulez le rajouter ? Libre à vous.

Lui. – Non, ça va. *(Il signe, lui rend le PV et se lève.)* Je peux récupérer mes affaires et foutre le camp ?

Elle. – Pas encore tout à fait. Vous m'avez fait des cachotteries, ce n'est pas bien.

Lui. – Pardon maman.

Elle. – Vous êtes d'humeur joviale. Cela contraste avec trois de vos fournisseurs qui ont déposé hier matin sous serment que vous aviez transformé et meublé votre château à leurs frais.

Lui. – Je ne sais pas de qui il s'agit, mais de toute façon c'est leur parole contre la mienne. Et puis ce château ne m'appartient pas, je ne suis qu'actionnaire minoritaire de la SCI qui le détient.

Elle. – En effet. Et les actionnaires majoritaires sont vos enfants de douze et seize ans.

Lui. – Ainsi que ma mère, qui a quatre-vingt-dix ans. Ça fait une moyenne.

Elle. – Vous niez avoir obtenu ces travaux sans débourser un euro de votre poche ?

Lui. – Je n'ai pas à le nier. C'est faux, voilà tout.

Elle. – Et qui a fait ces travaux ?

Lui. – Moi. Avec le peu de temps libre que me laissent mes week-ends.

Elle. – Alors vous ne dormez jamais.

Lui. – Peu, c'est vrai. J'ai cette chance en effet.

Elle. – Et qui a payé tous les meubles ainsi que les tableaux de collection ?

Lui. – Ah ! ça c'est encore moi, et j'en suis fier ! Je chine, je me promène, je flâne dans les brocantes avant tout le monde, je déniche des merveilles que je paye trois fois rien, et j'ai en plus la chance d'avoir un peu de goût… Mais vous disiez que je vous avais fait de vilaines cachotteries ; de quoi s'agit-il ?

Elle. – C'est votre stratégie ou bien celle de votre avocat ? Dans un cas comme dans l'autre, vous êtes sûr que vous voulez vraiment la jouer comme ça ?

Lui. – Qui joue, ici ? Vous m'accusez de choses fausses, arguant de témoignages dont ni moi ni mon avocat n'avons connaissance, et que je suis donc dans l'impossibilité de pouvoir réfuter.

Elle. – Vous vous moquez de moi ?

Lui. – Madame, je ne me le permettrais pas.

Elle. – Vous vous moquez de la justice alors. Ce ne sont pas un, mais trois témoignages qui vous accusent.

Lui. – Ça ne m'étonne pas plus que ça. Si vous cherchiez davantage, vous pourriez sans doute en dénicher d'autres. Voyez-vous, dans le contexte de crise que nous connaissons, je suis suffisamment dur avec mes fournisseurs pour qu'ils nourrissent à mon égard des sentiments disons mitigés. De là à saisir l'occasion de me nuire que vous leur offrez…

Elle. – Comment expliquez-vous qu'ils aient décrit avec précision les pièces de votre château ainsi que le détail des travaux qu'ils y ont effectués ?

Lui. – Qu'ils DISENT qu'ils y ont effectué… C'est tout simple, vous savez : étant novice en bricolage, doué certes, mais novice, je les ai consultés pour leur demander des estimations de travaux.

Elle. – Ah ? D'accord. Vous pouvez donc me produire leurs devis ?

Lui. – Eh non ! Leurs estimations verbales étant très au-dessus de mes moyens, je n'ai pas jugé bon d'insister.

Elle. – Vos moyens justement : vous êtes un des plus grands patrons de France, mais vous avez un petit salaire…

Lui. – Cinq fois le SMIC, comme vous y allez ! Ce n'est pas rien ! Vous trouvez ça petit ? Mais combien êtes-vous payés à la brigade financière ?

Elle. – … un petit salaire par rapport à la taille de votre château…

Lui. – Je vous ai dit qu'il ne m'appartient pas.

Elle. – … et je ne parle ni de votre hôtel particulier parisien, ni de votre villa sur la Côte, de votre yacht, de votre chalet à Courchevel, de vos chevaux ou de vos voitures. Ni de vos Rolex bien sûr, je ne suis pas mesquine.

Lui. – Bien peu de ces choses m'appartiennent, vous le savez bien. Je n'en ai que la jouissance, et encore, je ne m'en sers que pour favoriser des affaires, qui sont si difficiles aujourd'hui. Notez d'ailleurs que tous ces biens ont été acquis à petits prix, et constituent pour la plupart des garanties bancaires qui adossent le développement de mes sociétés. Ce sont des investissements productifs.

Elle. – Réalisés par vos enfants mineurs…

Lui. – Et maman qui, elle, est majeure. N'oubliez pas maman.

Elle. – Vous soutenez n'avoir bénéficié d'aucun traitement de faveur ?

Lui. – Je n'ai pas dit ça. Il est tout à fait possible qu'un fournisseur ait voulu s'attirer mes bonnes grâces en me faisant un petit prix sur mes travaux personnels. Mais je ne le lui ai pas demandé, et il ne m'en a pas parlé.

Elle. – Ça s'est fait à l'insu de votre plein gré ?

Lui. – Voilà. Et puis, pourquoi nous cherchez-vous des poux qui n'existent pas, à moi et à mes confrères ? Pourquoi ne regardez-vous pas plutôt du côté des tribunaux de commerce, où des juges bénéficient de largesses inattendues de la part de liquidateurs qu'ils ont préalablement nommés ? Voilà qui serait de salubrité publique et serait de nature à redonner confiance en notre justice.

Elle. – C'est tout à fait passionnant. Et vos propos feraient fureur dans les bistrots qui jouxtent le tribunal de commerce. Mais revenons-en à vous.

Lui. – Ça vous embête ce que je dis là, hein ? J'imagine que le changement de loi qui autorise maintenant la présence d'un avocat pendant la durée intégrale de la garde à vue ne vous amuse pas non plus…

Elle. – Je crois surtout que vous aimez bien vous écouter parler.

Lui. – Quand j'ai raison. Pourquoi cherchez-vous à épingler des grands patrons ? Parce que c'est politique. Vous êtes de gauche, tout le monde le sait, et c'est bon pour votre carrière. Je ne critique pas, c'est comme ça, c'est humain. Mais ne critiquez pas non plus un monde dont vous ignorez les pratiques.

Elle. – Ce sont ces pratiques qui m'intéressent, au contraire.

Lui. – Mais bon sang, d'où croyez-vous que viennent les emplois de salariés qui bossent trois fois moins que moi, et sans prendre aucun des risques que je prends ? Vous voulez faire tomber les têtes des patrons ? Prenez garde : vous allez faire tomber du même coup la tête de tous ceux à qui ils donnent du travail.

Elle. – Vous vous voyez comme un père pour eux ?

Lui. – En quelque sorte, oui.

Elle. – Je ne crois pas que ce soit un père qu'ils cherchent. À mon avis, ils désirent juste un salaire.

Lui. – Vous n'y connaissez rien. Les gens veulent être valorisés, ils veulent être reconnus, avoir un rôle à jouer dans la société. Je leur donne cette reconnaissance, parce que j'ai le plus grand respect pour leur travail.

Elle. – Votre respect ne va quand même pas jusqu'à les augmenter. Bien. Vous démentez donc avoir poussé des fournisseurs à surfacturer des prestations à votre société en échange de travaux à votre domicile ?

Lui. – Je vous ai déjà répondu. D'ailleurs, si vous aviez une preuve, vous me l'auriez produite à ce stade.

Elle sort un second dictaphone qu'elle met en marche. On entend une conversation au téléphone.

Voix homme 1. – J'ai reçu votre devis. C'est bon, il me convient. Alors vous me facturez soixante-cinq mille de plus sur la société, et vous me faites une facture personnelle pour les cinq mille euros qui restent.

Voix homme 2. – Entendu, monsieur, on fait comme ça.

Voix homme 1. – Et faites-moi du bon travail !

Voix homme 2. – Oui, monsieur. Merci beaucoup.

ELLE arrête la diffusion

Elle. – Vous reconnaissez ces voix ?

Lui. – Non, on entend mal.

Elle. – En tout cas, nous sommes bien d'accord : vous ne voyez pas de qui il peut s'agir ?

Lui. – Non. Pourquoi me demandez-vous ça ?

Elle. – Soyons très clairs : vous m'assurez que ce n'est pas vous que nous venons d'entendre ?

Lui. – Moi ? Bien sûr que non !

Elle. – Cette conversation a été enregistrée sur votre ligne téléphonique mobile.

Lui. – Il doit y avoir une erreur. D'ailleurs, une communication enregistrée n'a aucune valeur légale.

Elle. – Sauf quand elle a fait l'objet d'une autorisation préalable de justice. Ce qui est le cas. Vous maintenez toujours que ce n'est pas de vous qu'il s'agit ?

Lui. – On entendait mal, je vous l'ai dit. Je ne peux être sûr de rien. Et puis on ne reconnaît jamais sa propre voix, c'est bien connu.

Elle. – Vous ne vous souvenez pas avoir dit ça à un fournisseur ?

Lui. – Pas du tout. C'était quand ?

Elle. – Il y a six semaines.

Lui. – Vous rigolez ? Vous vous souvenez des coups de fil que vous avez passés il y a un mois et demi ?

ELLE. – Ah! si j'avais fait chanter un fournisseur, je crois qu'en effet je m'en souviendrais! Est-ce à ce point usuel chez vous que vous n'en gardiez pas mémoire?

LUI. – Vous êtes en train de me traiter d'escroc?

ELLE. – C'est vous qui employez ce terme. À ce stade de la procédure, je ne me le permettrais pas.

LUI. – Écoutez, à supposer même que vos flics ne se soient pas emmêlé les pinceaux entre plusieurs enregistrements, qu'est-ce que ça prouve? Rien. Rien ne dit que le devis ne regroupait pas à la fois des travaux pour ma société et d'autres plus personnels. Pour lesquels j'ai d'ailleurs demandé une facture, je me permets quand même de vous le faire remarquer.

ELLE. – Je vous le dis avec gentillesse : faites bien attention à ce que vous dites. Et prenez en considération la possibilité que j'aie sous la main d'autres conversations enregistrées de même nature, ainsi que les devis concernant de façon explicite la seule réhabilitation de votre château auxquels ces conversations se réfèrent.

LUI. – Pardonnez-moi, mais quand bien même ce serait le cas, ça ferait du tort à qui? Mes fournisseurs ont été payés, mes salariés et mes actionnaires aussi. Personne ne s'est plaint. Qui est lésé?

ELLE. – Je dirais le fisc, pour commencer.

LUI. – Je vois. Et dans ce cas très hypothétique, je risquerais une amende de combien?

ELLE. – Je ne voudrais pas m'avancer. Ce sera au jugement de la prononcer. Ainsi que la peine de prison qui y serait assortie.

LUI. – De la prison? Le fisc peut chercher à m'envoyer en prison? Pour ça?

ELLE. – Il est assez rare qu'un abus de bien social se règle avec cent lignes à faire. Ce serait même une première, à ma connaissance.

LUI. – Comment vous dire ? Animé d'un souci de gentillesse semblable à celui que vous avez bien voulu manifester à mon égard, je suggère que vous ne vous acharniez pas trop sur moi. Cela ferait tache dans une carrière comme la vôtre, et ce ne serait peut-être pas compris par tout le monde. Surtout en haut lieu. Ma contribution à la société n'est pas neutre, si vous voyez ce que je veux dire. Elle est en tout cas, et sans jugement de valeur, plus importante que celle d'un balayeur.

ELLE. – Oui, en même temps, si les éboueurs de mon quartier se mettent en grève, ça dérange plus ma vie de tous les jours que si vous, vous attrapez un vilain rhume.

LUI. – Un balayeur aurait peu de chances de se faire entendre à l'Élysée…

ELLE. – Je vous remercie de cette précision. J'avais bien saisi votre allusion la première fois. Il me semble à vous entendre que nous avons tous deux besoin d'un peu de réflexion.

LUI. – C'est aussi mon avis.

ELLE. – Je me range donc à votre suggestion. *(Elle décroche son téléphone et parle dans le combiné.)* La garde à vue continue, veuillez le raccompagner en cellule. *(Elle raccroche et se lève en lui désignant la porte derrière elle.)* À tout à l'heure ?

NOIR

SCÈNE 3

Mercredi, 9 heures

*ELLE entre dans le bureau, trois feuillets à la main. Le télé-
phone sonne. Elle décroche, agacée.*

ELLE. – C'est pas le moment ! *(Au téléphone.)* Pardon madame
la juge, j'allais reprendre l'audition. (…) Je ne sais pas. Il est neuf
heures… J'aimerais pouvoir vous dire : dans quelques heures,
mais… Hier, il était très sûr de lui. Cela étant, ils le sont tous, au
début au moins. (…) Brillant. Enfin, intelligent. Malin en tout cas.
Mais le dossier est solide, et une nuit en cellule l'aura dégrisé un
peu, il va craquer. (…) Merci de votre confiance.

*ELLE raccroche et va ouvrir la porte. LUI entre en se frottant
les poignets et va s'asseoir sur la banquette. ELLE tend vers
lui les trois feuillets.*

ELLE. – La petite formalité habituelle…

Il prend les feuillets et commence à les lire puis les lui rend.

LUI. – Désolé, mais je suis trop fatigué pour signer ça.

ELLE. – Vous n'avez pas dormi ?

LUI. – Pas assez, non ; le spectacle a fini un peu tard.

ELLE. – Le spectacle ?

Lui. – Mon voisin, dans la cellule d'à côté, qui a usé de termes imagés pour dire tout le bien qu'il pensait de la maréchaussée.

Elle. – C'est sympa. Et c'est assez rare, un pareil civisme.

Lui. – Oui. L'émotion était du reste à son comble quand il a parlé de les enculer. Je ne me souviens plus très bien de la façon dont il comptait s'y prendre, mais je crois que c'est à partir de là que ça a dérapé.

Elle. – Il avait peut-être un peu bu ?

Lui. – De fait, c'est ça : il a évoqué entre autres l'usage peu orthodoxe d'un goulot de bouteille.

Elle. – Vous ne vous êtes pas embêté, dites-moi.

Lui. – Pas plus que toutes les victimes de ce système à la soviétique, qui est censé vous briser en vous privant de tout. À commencer par le sommeil et la dignité.

Elle. – Houlà ! Nous parlons torture mentale, persécutions et tout ce genre de choses ?

Lui. – Pourquoi ? Vous ne diriez pas que la privation de sommeil fragilise les individus ?

Elle. – Mais je croyais que vous aviez besoin de très peu de sommeil ? *(Elle cherche en page deux.)* Tenez, si, si, c'est là, vous m'avez dit : « Je dors peu, c'est vrai. » La dactylo s'est trompée ?

Lui. – Bon, ça va, vous avez cherché à me rabaisser, à me traiter comme n'importe qui, c'est fait.

Elle. – Dans la formule « tous les hommes sont égaux devant la loi », où comprenez-vous qu'il devrait y avoir des traitements de faveur ?

Lui. – Il y a des gens qui rendent plus ou moins de services à la société quand même, merde !

Elle. – Entre un ado qui vole un scooter à cinq mille euros et un patron qui escroque vingt millions en douce, vous diriez que lequel est le moins nocif ?

Lui. – Je n'ai ni volé de scooter ni escroqué personne. Qu'est-ce que vous voulez de moi ?

Elle. – La vérité.

Lui. – Franchement, ça m'étonnerait. C'est complexe, la vérité. Ça a un cadre, des circonstances, des ramifications en pagaille. Vous, vous ne cherchez pas la vérité, vous voulez un aveu.

Elle. – C'est bien aussi, un aveu. Et dans votre cas, ce n'est pas la même chose ?

Lui. – C'est le contraire. Un aveu, c'est confortable : l'individu est coupable, il l'avoue lui-même. On s'en fout de ses motifs : on tient un aveu, le sien ! Ça élimine toutes les zones d'ombre, les interrogations, les questions sur son propre comportement. L'autre est un salaud : hosanna, il l'a reconnu !

Elle. – Rassurez-moi, vous parlez en terme général ?

Lui. – Seulement voilà, il y a des gens que vos petites techniques font craquer mais qui sont innocents.

Elle. – Je ne sais pas si vous êtes innocent, mais vous m'avez l'air très en forme. Ça tombe bien, j'ai plein de questions à vous poser.

Lui. – Je ne suis pas en état d'y répondre.

Elle. – Vous préférez retourner vous reposer un peu en cellule ?

Il soupire.

Lui. – Que voulez-vous savoir ?

Elle. – Comment se fait-il que vous ayez envoyé des mails à vos fournisseurs pour surveiller la progression de leurs travaux, puisque c'est vous qui avez tout bricolé dans vos propriétés ?

Lui. – Des mails, maintenant. Hou ! la grosse preuve ! Hou là là ! Le méchant monsieur ! Ça ne peut pas être faux, des mails ? On ne peut pas simuler ou détourner une adresse IP ?

Elle. – Si, mais il faut rudement bien s'y connaître.

Lui. – Eh bien, voilà, orientez vos recherches de ce côté-là.

Elle. – Vous me dites que vous n'avez pas envoyé ces mails, c'est ça ? *(Il acquiesce.)* Mais alors cette affaire est énorme : vous êtes au milieu d'un complot d'une envergure considérable !

Lui. – N'exagérons rien. Il s'agit de trois fournisseurs qui ont manqué de bienveillance envers moi.

Elle. – Ah ! non, non, je vous assure, le complot est énorme ! Parce qu'ils ont aussi imité votre voix sur les engueulades que nous avons interceptées à partir de votre portable, falsifié votre écriture sur votre agenda que nous avons saisi. Ils sont allés jusqu'à fabriquer de fausses factures d'achat qui correspondent pile au même nombre et au même type de mobilier que nous avons retrouvé chez vous. Ils ont drôlement bien fait les choses pour vous coincer, reconnaissez-le.

Lui. – Qu'est-ce que vous avez fouillé ensuite, mes poubelles ?

Elle. – Il n'est pas impossible que nous abordions cet aspect par la suite. *(Un temps.)* Vous maintenez vos déclarations ?

Lui. – Vous me posez des questions partielles auxquelles je ne peux apporter que des réponses…

Elle. – Partielles, oui, je sais, et la vérité est complexe, vous m'avez déjà servi ce couplet.

Lui. – J'attendrai donc avec mon avocat d'avoir une complète connaissance du dossier.

Elle. – Sachez que si l'enquête le nécessite, vous allez pouvoir vous entretenir bientôt avec lui.

Lui. – Vous envisagez de me garder vingt-quatre heures de plus en garde à vue, c'est ça?

Elle. – Je vois qu'il vous a bien expliqué le fonctionnement de la procédure. De fait, à l'issue de vingt-quatre heures et si les besoins de l'instruction requièrent de prolonger la garde à vue, il vous sera possible de le voir pendant une demi-heure. Si toutefois il a eu le temps d'enlever son maillot et son collier de fleurs!

Lui. – Vous ne me ferez pas craquer.

Elle. – Je n'y tiens pas. Je ne cherche que…

Lui. – … la vérité, oui, ça va, moi aussi j'ai entendu ce couplet.

Il se détourne sur sa chaise. Un bref silence.

Elle. – Je ne sais pas comment la presse en a été informée, mais votre présence dans ces bureaux fait déjà la page deux.

Elle prend sur son bureau un quotidien qu'elle lui tend. Il le refuse du geste.

Lui. – Ça ne vous ennuie pas de foutre ma vie en l'air ainsi que celle de ma famille? Vous ne vous dites pas que vous pourriez faire ce boulot sans esquinter des gamins de douze et seize ans qui n'ont rien fait?

Elle. – Ne croyez pas cela, c'est un sujet auquel je suis particulièrement sensible. Surtout depuis que j'ai reçu avant-hier des photos anonymes de ma fille à sa sortie d'école.

Lui. – C'est ça qui vous rend agressive ? Mais qu'est-ce que j'ai à voir avec ces photos ?

Elle. – Rien, sûrement. Même s'il est hautement probable que je doive l'envoi de ces clichés à quelqu'un qui fait l'objet d'une enquête de mes services, plutôt qu'à un artiste trop timoré pour me les apporter lui-même.

Lui. – Prenez garde de ne pas vous tromper de personne, si vous cherchez à vous venger de ceux qui menacent votre fille.

Elle. – Oh ! je n'aurais pas besoin de me venger ! Il me suffirait de rappeler à l'intéressé que sa vie privée n'a rien de secret pour l'instruction.

Lui. – Attendez, là vous allez rire : on dirait que vous me menacez de divulguer le nom de ma maîtresse si ces envois ne cessent pas.

Elle. – Ce n'est pas dans mon style. Pas plus que ce n'est dans le vôtre, j'en suis sûre… Cela étant, on dirait que faire des cachotteries est monnaie courante chez vous.

Lui. – Je vous demande pardon ?

Elle. – Non, c'est sûrement une erreur de la part de mes enquêteurs mais ils avaient l'impression que les noms de jeunes femmes à qui vous donniez rendez-vous étaient multiples et variés. Vous avez du succès, dites donc. Félicitations. En dépit d'un physique somme toute ordinaire, vous êtes un sacré tombeur !

Lui. – Mais c'est proprement scandaleux ! Vous enquêtez sur ma vie privée maintenant ?

Elle. – Dans une enquête, beaucoup de choses apparaissent, vous savez. Publiques, privées, le tri n'est pas toujours facile. Tenez, par exemple : les notes de restaurants discrets, d'hôtels de charme, et accessoirement de services d'escort, sont-elles du domaine public ou privé ?

Lui. – Je ne vois pas ce qu'il y aurait de plus intime que la vie privée.

Elle. – C'est ce que je me disais aussi, avant de constater que dans votre cas, bizarrement, ces dépenses étaient réglées avec la carte bleue de la société.

Lui. – Je ne sais pas. Mes avocats examineront les factures que vous voudrez bien leur produire.

Elle. – Mes services les tiendront naturellement à leur disposition. Quand même, ça ne vous semble pas curieux de payer ce type de dépenses avec l'argent de la société ?

Lui. – Une fois de plus, vous tirez vos conclusions un peu vite. Il faudrait d'abord voir quel était le service, s'il était dans l'intérêt de l'entreprise, si sa déduction se justifiait… Je ne voudrais pas être trop technique… Et puis il arrive qu'on se trompe de carte au moment de payer, ou bien que l'on ait oublié sa carte personnelle. Vous savez combien j'ai de cartes de paiement ?

Elle. – Vous incluez dans le nombre les deux cartes anonymes qui vous ont été délivrées par vos banques suisses pour vos retraits en numéraire ?

Lui. – Je ne vois pas de quoi vous parlez.

Elle. – Mais si, voyons : les cartes qui vous permettent de retirer de l'argent sur vos comptes en Suisse.

Lui. – Je n'ai pas… Je n'ai jamais eu…

Elle. – Ah ! attention ! On commence comme ça, on oublie un compte ici, un anniversaire là, et puis on se retrouve dans un service Alzheimer sans se rappeler comment on en est arrivé là. Vous avez des dépôts dans deux banques suisses, jusque-là nous sommes bien d'accord ?

Lui. – Si vous le dites.

Elle. – Vu le montant des dépôts que vous y avez faits via votre fiduciaire de Jersey et votre société paravent aux îles Guam, leur existence ne doit pas vous être tout à fait inconnue.

Lui. – Mes avocats…

Elle. – À moins… À moins bien sûr que ça ne soit la suite du complot dont vous parliez.

Lui. – Je n'ai pas évoqué la théorie d'un complot.

Elle. – De fait, c'est moi qui n'ai pas trouvé d'autre moyen pour expliquer toutes les contradictions de ce dossier, hormis bien sûr l'intervention d'extraterrestres. Hélas, mes enquêteurs n'ont débusqué nulle part leur existence malgré une investigation assez minutieuse. Ne restent donc que le complot, ou votre culpabilité.

Lui. – Vous vivez dans votre bulle. Vous ne savez pas comment fonctionne le monde des affaires.

Elle. – Expliquez-moi.

Lui. – Ça heurterait vos convictions idéologiques.

Elle. – Faites semblant de croire que je ne suis pas idiote.

Lui. – C'est la réalité qui est en cause, pas l'intelligence. Vous n'admettrez jamais qu'on peut se passer de trois milliards de pauvres, mais qu'on ne peut pas se passer des trois mille individus les plus riches.

Elle. – Redites-moi ça pour voir ?

Lui. – Ça vous choque, hein, que je dise ça ? Seulement, c'est la vérité : ceux qui sont les moteurs de l'innovation, de l'adaptation, ceux qui décryptent le futur et parient sur lui, ce sont les conquérants, pas les soutiers. Ça peut ne pas vous plaire, mais c'est un fait.

Elle. – Et j'imagine que vous êtes du côté des conquérants, des corsaires, des chefs de meute, bref des riches dont le monde ne pourrait pas se passer ?

Lui. – Je ne parle pas pour moi, ne caricaturez pas ma pensée.

Elle. – Je ne suis pas sûre d'avoir à en rajouter pour caricaturer vos propos, monseigneur. Vous fixez la barre du délire assez haut, bravo.

Lui. – Ben voyons ! Vous êtes dans quoi, vous ? La justice ? Reconnaissez que comme corps bien-pensant, pour lequel la vérité est affaire de textes, d'articles, même de virgules, on ne fait pas mieux. Vous avez votre bible à vous : c'est un code. Un Code pénal, conçu pour punir afin de reproduire la stabilité d'une société. Une succession de textes, à mon avis indigestes, qui est un hymne au passé. Je n'ai pas de bible, moi.

Elle. – Qu'en feriez-vous ? Vous avez l'audace, la liberté. Vous créez la richesse à partir de rien… Vous n'avez pas besoin de bible, vous êtes Dieu.

Lui. – Je serais quand même plus modeste. Quoique la liberté en effet soit à mes yeux fondamentale.

Elle. – La liberté de faire ce que VOUS voulez, sans barrière, sans limites. Ça s'appelle la loi du plus fort, la loi de la jungle. Comme retour vers le passé, dites-moi, il n'y a guère mieux.

Lui. – Vous vivez dans une bien-pensance insupportable.

ELLE. – Et vous êtes un rebelle. Dites-moi, pour un rebelle, planquer son argent en Suisse ce n'est pas un peu conformiste ?

LUI. – J'optimise mes ressources dans le respect de ces textes contraignants que vous admirez tant.

ELLE. – En clair, vous cherchez à faire échapper à l'impôt la majeure partie de vos revenus. C'est drôle, j'imaginais Dieu au-dessus de ces petites bassesses, moi. Ce n'est pas un peu minable, finalement, pour un rebelle, d'aimer l'argent à ce point ?

LUI. – Mais, madame la commissaire, je paye mes impôts sur mon salaire. Et sans rechigner, jamais ! Je n'ai pas demandé l'exil fiscal, moi ! J'assume ma contribution à un système social que pourtant je réprouve.

ELLE. – Ça va, ne recommencez pas. Vous me fatiguez avec votre numéro de patron exemplaire pour qui la lutte des classes n'existe pas.

LUI. – Pardon, la lutte des classes existe. Simplement nous l'avons gagnée.

ELLE. – Et le père Noël va sur ses cinq mille ans. Seulement vous, vos souliers, il les remplit dans des lieux exotiques, à Antigua, dans les îles Caïmans, à Guam ou Malte… Et il ne passe pas que le 25 décembre, il fait les trois-huit pour vous. Comme vos ouvriers.

LUI. – Je ne connais pas tous ces lieux.

ELLE. – C'est le bottin de l'évasion fiscale. Et vous n'y avez pas mis les pieds, en effet. En revanche, vous y détenez des sociétés qui versent des dividendes sur vos comptes en Suisse.

LUI. – Ce serait bien aimable de leur part, mais il y a un bémol : je ne possède aucune société à l'étranger.

ELLE. – Alors ces sociétés font de l'humanitaire en vous reversant leur argent. Je vais vous donner leur adresse, afin que vous puissiez leur envoyer un mot de remerciement. Il ne faudrait quand même pas que des pratiques aussi altruistes, aussi généreuses, ne soient pas récompensées d'un grand merci. Tenez, voici une feuille de papier; je suis convaincue que vous saurez trouver les mots du cœur.

LUI. – Il doit y avoir une erreur…

ELLE. – Vraiment? *(Elle lui montre des papiers.)* Ce n'est pas votre signature, ici, là et là?

LUI. – Non, pas du tout. Je vous ai montré ma signature hier, quand vous m'avez questionné – avec insistance d'ailleurs – à ce sujet.

ELLE. – Dites voir, ils sont allés fichtrement loin.

LUI. – Qui ça?

ELLE. – Ben eux. *(Elle regarde à gauche et à droite puis reprend, plus bas.)* Ceux du complot. Figurez-vous qu'ils ont réussi à tromper les deux graphologues qui m'assurent que ces signatures sont de votre main. C'est dingue, non?

LUI. – Ce ne serait pas la première fois que des experts se tromperaient.

ELLE. – En effet. Mais avec l'argent versé sur VOS comptes, avouez qu'un esprit moins brillant que le vôtre serait tenté de conclure à l'escroquerie caractérisée.

LUI. – Madame, savez-vous à qui vous parlez?

ELLE. – À l'une des plus grandes intelligences industrielles de mon pays, à l'un de ses plus grands patrons.

LUI. – Et vous me parlez d'escroquerie. Mais comment osez-vous? Cette affaire ne s'arrêtera pas là, vous savez. Il existe un monde en dehors de ce cagibi minable. Un monde où ma voix est respectée. Et je vous promets un retour de boomerang dont vous n'avez même pas idée. Je peux vous faire valser, si je veux!

ELLE. – Vous ferez comme moi, selon votre conscience.

LUI. – Ma conscience n'a rien à voir avec toute cette histoire. On n'a pas de liberté de conscience quand on fait des affaires. On est responsable de dizaines de milliers de gens. Vous voulez savoir pourquoi je dors peu la nuit ? Parce que je réfléchis sans cesse aux décisions à prendre et que je tremble de commettre une seule erreur. Et vous, vous êtes là à m'emmerder avec mon yacht. Mais je me fous de mon yacht, il m'emmerde, le capitaine et tout l'équipage m'emmerdent ! Seulement voilà, il m'est utile, il me sert à amadouer tous ceux que j'y invite et que je traite comme des nababs.

ELLE. – Arrêtez donc un peu de vous raconter des salades. Vous vous prenez pour le centre du monde, un être supérieur, l'élite de l'élite, avec votre yacht, votre château, vos serviteurs et tout le reste. Ce n'est pas juste du décorum, ce pognon c'est vous tout entier. Sans lui, vous seriez quoi ? Un type ordinaire, à poil sous son costume Armani ; et ça vous énerve de voir que d'autres traitent les affaires proprement.

LUI. – Mais vous débarquez de quel monastère ? Sans champagne, sans putes et sans Rolex gratuites, il n'y a pas d'affaires ! Vous avez déjà essayé d'attirer des mouches avec du vinaigre ? Je vous souhaite bon courage.

ELLE. – Les mouches sont attirées par toutes sortes de choses. À vous de choisir l'appât qui vous correspond le mieux. À condition bien sûr de respecter les règles du jeu, qui dans notre cas s'appellent les lois, sans quoi vous risquez, comme tout le monde, un séjour à la case prison.

LUI. – Vous êtes impayable ! Ce sont ceux qui font les lois qui sont les criminels ! Ils gênent les affaires, ils mettent des barrières partout, ils nous empêchent de travailler. Même si vous êtes le meilleur, admettez que si on vous met un boulet au pied, vous avez peu de chances de remporter le cent mètres. Voilà vos politiques. Ce sont des cons. Qui voudraient en plus avoir leur rond de serviette chez moi, et le piquer s'il est en or.

Elle. – Je vois que nous n'avons pas la même idée de la loi, et c'est dommage. Parce que vous ne pouvez pas savoir à quel point je souhaiterais que vous ne soyez coupable d'aucun des chefs pour lesquels je vous entends. Vous êtes un exemple, vous vous devez d'être exemplaire.

Lui. – Et pourquoi ?

Elle. – Parce que vous avez tout ! Parce que vous n'avez besoin de rien ! Tout le monde est contraint d'obéir, de faire des concessions pour arriver à vivre. Pas vous. Si vous trichez, si vous volez, ce n'est pas pour manger mais pour avoir plus. Toujours plus ! Vous n'avez aucune raison d'avoir faim d'argent ou de pouvoir, vous pourriez être juste, être grand, au lieu d'envier le peu que vous n'avez pas encore et qui ne vous servira probablement à rien. Seulement voilà, je veux bien croire que vous vous sentiez responsable de vos employés, et je vous en félicite, mais si l'un d'eux, ou une centaine, ou même un millier, sont entre vous et une centaine de milliers d'euros, je ne donne pas cher de leur peau, vous n'hésiterez pas.

Lui. – Parce que vous croyez qu'ils hésiteraient, eux ? Oh ! il y a peut-être quelques exceptions dans le monde, je ne dis pas, mais il faudrait sacrément bien chercher ! Et pourquoi serais-je différent de la quasi-totalité des gens ? Parce que j'ai tout ? La belle affaire ! Avoir ne tue pas le désir, il le renforce au contraire. Et puis ce que j'ai, je l'ai pris. Personne ne me l'a donné.

Elle. – Il y a des règles, monsieur, pour prendre. C'est même ce qui fonde la vie en société.

Lui. – À un certain niveau, les règles ne s'appliquent pas.

Elle. – À un niveau de quoi ? De fric ? Vous me faites rire ! Je suis sûre que vous trouvez la police et la justice d'un laxisme insupportable avec le petit cambrioleur qui vous a volé votre télé. Mais vous, pardon, c'est autre chose. La loi ne s'applique plus à partir d'un certain montant, c'est ça ?

Lui. – Je n'ai jamais commis d'acte de violence.

Elle. – Allez donc expliquer ça aux ouvriers que vous avez licenciés, je suis sûre que vous aurez beaucoup de succès.

Lui. – Il y a des décisions qu'il faut prendre, aussi cruelles soient-elles. Mais cela vous échappe.

Elle. – Ce qui m'échappe c'est que vous augmentiez au même moment de 200 % votre rémunération.

Lui. – C'est ridicule. J'ai le même salaire depuis quinze ans !

Elle. – Ce qui vous permet de payer très peu d'impôts. Non, je parlais de votre rémunération, stock-options et autres avantages compris. Vous voulez m'en dire un mot ?

Lui. – Étant de gauche, j'imagine que vous n'aimez pas les riches.

Elle. – Je réserve mes opinions à mon bulletin de vote. Et arrêtez de persifler que je suis animée par des idéaux politiques, c'est fatigant. Est-ce que je vous fais l'injure de penser que vous votez à droite uniquement par intérêt personnel ? Non. Alors admettez que mes idées n'interfèrent pas avec mon travail.

Lui. – J'ai du mal à le croire. Cette façon que vous avez de vouloir une finance irréprochable… Quelle aberration ! À part le type qui a inventé la carte à puce, citez-moi une seule fortune qui ne se soit pas faite par le meurtre ou le vol. J'entends la mort de concurrents et le vol de clients bien sûr, cela va de soi.

Elle. – « C'est pas moi m'sieur, c'est l'autre. » Ça vous réussissait ce genre d'excuse au lycée ? Vous dénonciez vos camarades pour vous exonérer de votre responsabilité ? Eh bien, avec les grandes personnes ça ne marche pas. Parlez-en avec votre avocat, il vous déconseillera de plaider que violer la loi c'est moins grave si tout le monde le fait.

Lui. – Vous vous payez ma tête ? Évidemment que tout le monde le fait. Admettons que dans mon cas ce soit pour faire des affaires, mais vous ? Jamais d'excès de vitesse, jamais de dîner arrosé avant de prendre le volant, pas la plus petite tricherie sur la feuille d'impôts, aucun plombier payé en liquide, pas de film téléchargé en douce, rien ? J'en doute. Pour gagner une compétition, il faut y mettre le prix, c'est comme ça.

Elle. – En dix ans, vous avez été cinq fois élu manager de l'année. Vous avez fait la couverture de « Match » avec vos labradors, et celle de « L'Express » avec votre ami, l'émir du Qatar. Je vous imaginais avec plus d'élégance, plus de classe. Je vous avoue que c'est un brin décevant de vous entendre faire l'apologie de la triche. Vous finirez un jour par regarder en douce le jeu de votre adversaire à la maison de retraite, histoire de remporter la boîte de cachous. Et puis un soir, tenez, comme aujourd'hui, vous vous ferez prendre. Pour rien. Pour des bonbons que vous n'aimez pas et qui tachent les dents, mais auxquels vous n'aurez pas su résister. Parce que vous êtes accro, accro au fait de gagner, et comme tous les drogués il vous faut votre poison.

Lui. – Vous croyez que vous n'aimez pas gagner ? Vous vous mentez à vous-même. C'est le vainqueur du Tour que vous connaissez, pas le 125e cycliste à l'arrivée, le seul à ne pas s'être dopé.

Elle. – Eh ben non. Vous voyez, si je fais ce métier de flic, ce n'est pas pour faire du chiffre en contraventions, c'est parce que j'admire ceux qui choisissent la difficulté, ceux qui respectent les règles. Votre 125ᵉ, vous avez raison, je ne le connais pas, mais de savoir qu'il existe, qu'il s'arrache les tripes juste pour arriver, c'est ce qui me fait regarder le spectacle. Vous aimez le vainqueur ? Moi j'aime la pureté. À chacun ses héros. En tout cas, une chose est sûre, c'est que si violer la loi était justifié sous prétexte que d'autres le font, alors l'inceste serait excusable, et battre sa femme à mort ou être raciste aussi.

LUI. – Vous déformez mes propos. *(Se passant la main sur le front.)* Je suis désolé, avec le manque de sommeil j'ai du mal à vous suivre. Tout ce que je veux dire c'est que les affaires sont un monde particulier.

ELLE. – La journée est bien avancée, et vous n'avez pas réussi à m'en convaincre tout à fait. Je vais vous laisser aller vous reposer un peu. Je vous propose donc de nous revoir demain.

LUI. – Vous vous foutez de ma gueule ? Je ne vais quand même pas passer une autre nuit dans ce trou à rat ?

ELLE. – Désolée, mais je souhaite prolonger la garde à vue.

LUI. – J'ai besoin de rentrer chez moi.

ELLE. – Je vous l'ai dit, il y a un moyen très simple pour sortir : vous me dites tout et je vous libère. Reconnaissez que ce n'est pas compliqué. Au lieu de quoi vous réfutez des éléments de preuve, des témoignages à charge, des pièces de dossier accablantes, tout ça sans m'apporter la moindre explication cohérente. C'est regrettable, mais vous ne me laissez pas le choix. Nous avons encore tellement de choses à nous dire. *(Enjouée.)* À tout à l'heure.

NOIR

SCÈNE 4

Jeudi, 8 heures

ELLE est au téléphone.

ELLE. – Je ne comprends pas, monsieur : je fais mon métier, et Mme la juge a prolongé la… (…) Qu'est-ce que j'y peux, il n'a pas encore craqué. Mais c'est imminent : c'est sa deuxième nuit en cellule, et dès qu'on leur parle de choses personnelles ils baissent tous la garde. (…) Si je comprends bien, soit il avoue et j'entre au Panthéon, soit j'échoue et vous me lâchez… (…) Merci, monsieur le procureur. *(ELLE raccroche et va ouvrir la porte. LUI entre en silence et va regarder par la fenêtre.)* Bonjour, monsieur.

LUI. – Il fait beau.

ELLE. – En effet. Veuillez vous asseoir.

LUI. – Ça ne servira à rien, je ne vous dirai plus un mot.

ELLE. – Ah. Très bien. C'est une nouvelle stratégie que vous propose votre avocat ? Il pense que vous n'êtes pas à même de vous défendre ? Ce n'est pas très flatteur pour vous, dites-moi.

LUI. – Je crois savoir qu'il vous a indiqué qu'il émettait des réserves sur l'audition libre qui a précédé la garde à vue ?

ELLE. – C'est son droit.

Lui. – Il demandera également l'annulation de nos entretiens : vous ne m'avez pas notifié que j'avais droit au silence.

Elle. – Bien sûr que si.

Lui. – Bien sûr que non. La procédure sera annulée. Tout votre petit cirque n'aura servi à rien finalement ; reconnaissez que c'est ballot. Je ne voudrais pas être à votre place, surtout en ce moment. Torturer comme ça un innocent au nom de la justice, et négliger de l'informer de ses droits élémentaires… Le robinet de la cellule est dégueulasse et votre planton n'a pas daigné m'apporter de l'eau de la fontaine à laquelle il a bu toute la nuit. Mais vous avez raison, ce n'est pas de la torture, non, c'est juste de l'hôtellerie déficiente. Comme le chiotte infâme, qui n'a pas de cuvette.

Elle sort de son tiroir une bouteille d'eau et un gobelet qu'elle place devant Lui. Il la regarde et boit deux verres coup sur coup. Elle sort de son tiroir une banane et une pomme.

Elle. – Je n'ai pas grand-chose. Si vous voulez, on partage. *(Il prend la banane.)* Elle est bio. C'est important. La peau véhicule à l'intérieur tous les pesticides, quand on y a eu recours. *(Ils mangent en silence.)* Votre avocat n'est toujours pas là ? Il exagère. À votre place, je lui demanderais une ristourne sur ses honoraires.

Lui. – C'est un ami, il me fait un prix.

Elle. – Comme vos fournisseurs. Dites donc, vous êtes verni : tout le monde vous fait des prix.

Lui. – Et vous, vous êtes exemplaire ? Vous payez toutes vos amendes alors que vous pourriez les faire sauter ? Vous refusez que les restaurateurs vous offrent le petit alcool de fin de repas ?

Elle. – Je ne vais pas jusque-là, ça leur ferait de la peine.

Lui sourit. Ils mangent une bouchée en silence.

Lui. – Vous aviez raison sur UNE chose : j'aime gagner. J'ai toujours aimé ça. Mon père m'engueulait si je finissais deuxième. Et ce n'était pas vraiment le genre de personne que vous vouliez mettre en colère.

Silence.

Elle. – Je suis mal placée pour en parler : je n'ai pas connu mon père. Mais si j'avais été deuxième, je suis sûre qu'il s'en serait contenté. *(Silence.)* Moi c'était ma mère qui avait la main légère. Elle nous a élevées seule, mes trois sœurs et moi, et ça ne lui laissait pas le temps de se perdre en explications. Paf ! Ça partait d'un coup. Le pire, c'est qu'elle annonçait ensuite : « Je vais te donner une beigne ! » Vous étiez là, en train de vous frotter la joue, et vous vous disiez : « Nom de dieu, il y en a une autre qui arrive ! »

Lui, *sourit.* – On aurait dû les faire se rencontrer. Avec un peu de chance, ils se seraient tapé l'un sur l'autre.

Elle. – Je n'ai pas l'honneur d'avoir connu monsieur votre père, mais maman aurait eu le dessus.

Lui. – C'est pas sûr. Il l'aurait giflée le premier. Ça lui aurait donné l'avantage.

Elle. – Elle aurait utilisé ce qui lui tombait sous la main. Ça aurait rétabli la balance !

Lui ne peut s'empêcher de rire. Elle aussi.

Lui. – Je suis content que tout ça se termine… Vous avez un rire très agréable.

Silence gêné.

Elle. – Vous faites comment, avec vos enfants ?

Lui. – Comme je peux. Je ne les vois pas beaucoup et ils m'en veulent.

Elle. – C'est pareil. Je n'ai pas d'horaires, la nuit, le jour, impossible de planifier.

Lui. – On aime notre métier.

Elle. – Un peu trop. C'est ce que m'a expliqué mon mari en filant avec une copine.

Lui. – Je suis désolé. La séparation s'est bien passée ?

Elle. – C'était il y a cinq ans. Il faudrait d'ailleurs que je pense à dire aux flics de son quartier d'arrêter de lui coller des PV.

Lui, *sourit.* – Vous avez eu de la chance.

Elle. – Vous trouvez ?

Lui. – Moi, ma femme est restée. *(Ils rient à nouveau.)* Sous d'autres hospices, dans d'autres lieux, nous aurions pu nous entendre, vous et moi.

Elle. – Je ne sais pas.

Lui. – Je suis curieux : comment une femme vive et intelligente devient-elle flic ?

Elle. – Par passion… Mais j'ai failli tout plaquer en arrivant à l'école de police. J'étais perdue au milieu d'une bande de machos bas de plafond qui parlaient de bouffer du nègre et du bougnoule.

Lui. – Et vous êtes restée ?

Elle. – Qu'est-ce que je pouvais faire ? Retourner chez moi vingt-quatre heures après avoir fait ma valise ? J'ai pleuré une bonne partie de la nuit ; et je suis restée. Et ce qui m'a sauvé en fait, ce sont les cours de sports de combat. Apprendre à maîtriser un mec, c'était le pied. Le faire tomber d'un balayage, le plaquer à terre, l'immobiliser, c'était mieux qu'aller au cinéma. Et, à ma grande surprise, je me suis aperçue que j'aimais ça et que j'étais plutôt douée. Vous n'avez jamais ressenti ça ?

Lui. – Je ne me suis jamais battu. J'en ai eu envie quelquefois, mais les types en face de moi étaient nettement plus costauds et je n'avais pas trop envie de perdre une dent dans la bagarre. Là où j'ai eu le déclic, c'est avec les chevaux. Je me suis rendu compte qu'ils étaient impressionnés quand j'avais l'air sûr de moi, et je me suis mis à faire la même chose en face de brutes qui faisaient deux fois mon poids. Croyez-le ou non, avec les animaux comme avec les hommes, ça a toujours marché, tous ont cédé.

Elle. – Et puis vous avez pris le pouvoir.

Lui. – C'est venu progressivement, mais c'est vrai que ça m'a donné un poids supplémentaire. L'argent aussi, d'ailleurs.

Elle. – Le succès…

Lui. – Oui. Loin de moi l'idée d'être désagréable, mais je n'aurais pas pu être flic. Il n'y a rien à gagner, pas d'enjeu, c'est monotone…

Elle. – Moins que de diriger une entreprise. La police c'est un sésame, une fenêtre ouverte sur le monde. À chaque affaire, le décor et les gens changent. Truands, victimes, témoins. On repart toujours à zéro, mais on remonte à toute allure l'intimité des gens. Là où vous ne verriez que les apparences qu'ils veulent bien vous montrer, moi je mets à nu la part d'ombre.

Lui. – Je crois que je suis moi-même un assez bon juge des gens. Appelez ça de l'expérience ou de l'intuition, mais ce qu'ils cachent je le devine.

Elle. – Dans votre monde, peut-être. Mais il y en a un autre caché, derrière. Celui des désirs, de la violence et de la folie. Un monde que vous ne voyez pas.

Lui. – Je n'y tiens pas.

Elle. – Vraiment? Mais vous aimez les bouquins policiers. Vous en avez cinq étagères dans votre bibliothèque. Être flic c'est autre chose que dans les polars. Déjà, il y a le regard. Si nous sortions tous les deux jusqu'au marché, je repérerais instantanément tout ce qui n'est pas à sa place.

Lui. – Je fais la même chose en lisant un bilan.

Elle. – C'est moins sexy à mon avis. Je ne vous cache pas que vous auriez du mal à m'enivrer avec des marges d'exploitation; tandis que je suis prête à parier que vous adoreriez assister à une descente de police.

Lui. – Peut-être, oui. Mais il y a tout le reste. Déjà, je détesterais obéir à une hiérarchie.

Elle. – Tout le monde obéit. Tout le monde. À de gros clients, à des actionnaires, aux marchés; vous ne faites pas exception.

Lui. – Et puis dans les affaires, comment dire, il y a l'excitation, le stress…

Elle. – Vous voulez dire que ça remue plus qu'une arrestation d'hommes armés ou de terroristes?

Lui. – Vous n'avez jamais eu envie de faire autre chose?

Elle. – Quoi? Rentrer dans le privé? Vous parlez d'une tentation! Responsable de la sécurité dans une banque, un musée ou un palace? Je me ferais trop chier, pardonnez-moi l'expression. Et ce n'est pas de voir mon salaire doubler qui me réveillerait. Non. Non, c'est plutôt vous qui auriez envie d'autre chose.

Lui. – Moi? J'ai tout.

Elle. – Vous n'avez pas grand-chose. Vous n'avez pas le pouvoir politique. Ça vous énerve, d'ailleurs. Et ça vous énerve d'autant plus que vous jugez qu'il est détenu par des cons. Vous n'avez pas la célébrité non plus, et je suis sûre que vous trouvez ça injuste. Les femmes se donnent aux hommes politiques, aux artistes, même aux présentateurs télé, mais pas à vous. Vous n'êtes jamais invité au restaurant, et pour être surclassé dans l'avion ou vous habiller, vous devez payer, comme tout le monde. Une fois sorti de votre empire de papier, vous êtes aussi anonyme que vos standardistes.

LUI. – J'ai du pouvoir…

ELLE. – Sur vos employés.

LUI. – Je suis connu…

ELLE. – Des gens que vous payez.

LUI. – Pas seulement…

ELLE. – Je ne disais pas ça pour vous manquer de respect, mais reconnaissez que vous m'avez cherchée. Vous voulez savoir pourquoi je suis flic? Parce que j'adore apprendre. Tous les jours, je découvre des choses sur les gens…

LUI. – C'est comme une drogue. Je connais ça aussi à ma manière. Tout ce qu'on réussit vous porte. On en vient à oublier les obstacles… D'une certaine manière, je comprends ce que vous faites ici. J'y ai pas mal réfléchi, et il était peut-être temps qu'on me rappelle à l'ordre.

ELLE. – Je n'ai rien contre vous, croyez-le bien…

LUI. – On ne peut pas dire que vous cherchiez avec acharnement les preuves de mon innocence.

ELLE. – C'est le juge qui instruit à charge, et à décharge quand il en prend le temps. Moi je suis les preuves là où elles me mènent. Pour autant, je mesure que vous n'êtes pas le diable incarné, que rien ne peut se faire sans complicités et que, dans les affaires, la responsabilité se trouve souvent diluée.

Lui. – Alors pourquoi est-ce moi qui suis ici?

Elle. – Parce qu'il y a un faisceau concomitant qui vous désigne. Un halo autour de vous qui va de l'abus de bien social à l'évasion fiscale, en passant par les pots-de-vin. Ce que vous appelez pudiquement des commissions…

Lui. – Et dans les cas de ce genre, vous ne passez pas un marché avec celui que vous coincez?

Elle. – Avec des subalternes, ça peut arriver. Cela dépend du procureur, qui évalue si relâcher un petit prédateur qu'il reprendra bientôt dans ses filets lui permet d'en pêcher un plus gros. Mais vous, vous êtes en haut de l'échelle, qui voudriez-vous donner? Le trésorier d'un parti politique à qui vous reversez des rétrocommissions? Sachant que ce même trésorier serait à même de briser ou de favoriser sa carrière, que croyez-vous que le procureur va faire?

Lui. – Il va enfermer votre coupable. Mais pas moi. Je ferais trop de bruit.

Elle. – En centrale, on ne vous entend pas crier. C'est un lieu d'où rien ne sort, pas même les prisonniers. Des années après avoir été libéré, on entend encore les bruits de la prison. Les cris, les portes, les pas. On se souvient de tout, au point qu'on a peur de fermer les yeux et de s'y retrouver. En rêve.

Lui. – C'est ça que vous voudriez pour moi, si j'avais commis des indélicatesses avec mon argent? Vous dormiriez sur vos deux oreilles, en sachant que vous avez fracassé la vie de toute une famille? Sali l'honneur de quelqu'un qui a travaillé toute sa vie, plus que les autres? Qui a pris des risques, plus que les autres? Et qui mérite peut-être un peu d'indulgence, plus que les autres?

Elle. – J'admire votre intelligence, votre capacité à innover, à animer des équipes, vos talents de visionnaire. Mais je ne suis pas jury du Prix de la camaraderie. J'arrête des criminels.

Lui. – Vous n'allez pas comparer des gangsters et des patrons indélicats ?

Elle. – Si. Ils ont les mêmes villas, les mêmes tailleurs, les mêmes banquiers et les mêmes avocats. Leur argent se retrouve dans les mêmes paradis fiscaux, après avoir suivi les mêmes circuits, aux mains des mêmes intermédiaires. Ils ne sont pas si différents que vous croyez. Il leur arrive même de partager les mêmes call-girls. Pas en même temps, bien sûr. Sexe tarifé, oui ; promiscuité, non.

Lui. – Vous n'êtes pas sérieuse. Un patron n'est pas un truand.

Elle prend le journal sur son bureau.

Elle. – C'est moi qui ai les honneurs de la presse aujourd'hui. On y suggère que, quand j'étais aux mœurs, j'aurais fait remettre en liberté deux pédophiles qui ont ensuite tué des enfants de six et neuf ans. Naissance d'une rumeur spontanée, j'imagine. Les journaux feront leur mea culpa en page vingt. Mais ajoutez à ça les « conseils » sur mon répondeur téléphonique, qui me suggèrent de mieux surveiller ma fille à la sortie de l'école, pour le cas où je n'aurais pas compris le sens des photos anonymes que j'ai reçues. Ça ressemble quand même un peu à des menaces, non ?

Lui. – Qu'est-ce que j'aurais à voir avec ce genre de saletés ?

Elle. – Il se trouve que c'est sur votre affaire que je travaille depuis cinq mois, et je ne peux que m'étonner de la concordance des temps. Même si, vous avez raison, ce sont des procédés auxquels on s'attend de la part de mafieux, plutôt que de l'entourage d'un grand patron.

Lui. – Vous voulez me coller la responsabilité de ces saloperies sur le dos ? Mais ma petite, vous êtes folle ! Folle à lier ! Vous fréquentez trop les bas-fonds, ça vous obscurcit le jugement. Craignez plutôt pour vous-même d'employer des moyens douteux. Dites-moi par exemple comment vous avez eu vent de comptes m'appartenant via des paradis fiscaux ?

Elle. – À ce stade, c'est un des secrets de l'enquête. Votre avocat en aura connaissance, si l'instruction se poursuit.

Lui. – Je vais vous répondre, moi. Ce n'est pas via les banques qui y sont domiciliées, parce qu'il vous aurait fallu cinquante ans avant qu'elles vous fassent la moindre réponse, même évasive. C'est leur boulot de se taire, et elles savent que c'est à ce prix qu'elles existent. Non, vous avez eu cette information d'un ancien collaborateur, qui vous a adressé une lettre anonyme, avec des lettres découpées dans « Gala ».

Elle. – Nous en recevons, c'est vrai. Il n'y a pas qu'en temps de guerre que les bons citoyens s'estiment le droit de dénoncer courageusement leurs voisins. Mais elles finissent en général dans la poubelle.

Lui. – En général, pas toujours. Pas quand il s'agit d'un grand patron et que les informations semblent, techniquement, à peu près crédibles. Là, en lisant son nom, on a une petite érection, ou une bouffée de chaleur, c'est selon. « Miam », se dit-on avec appétit, « je me ferais bien un plat de roi cette année, histoire d'égayer l'ordinaire de la cantine ». Alors on ouvre un dossier, on menace quelques subalternes pour les faire craquer jusqu'à ce qu'ils racontent ce que l'on a envie d'entendre, et en deux temps trois mouvements on sonne à ma porte, à six heures du matin, avec un mandat ; on fait peur à mes enfants, on retourne mes tiroirs pour le cas où j'aurais caché des lingots dans mes chaussettes, on fait assez de bruit pour que les voisins soient au courant, bref, comme vous le disiez, on ne fait aucun cas de la lettre anonyme qui aurait dû rejoindre les autres dans la poubelle. Beau, très beau métier que le vôtre. Et qui n'emprunte rien à l'éthique douteuse des bandits que vous fréquentez.

Elle. – Dans votre cas, ce n'est pas une lettre anonyme.

Lui. – Ah bon? Cela peut venir d'où, alors? D'un avocat fiscaliste que vous avez coincé, et qui a raconté n'importe quoi à mon sujet pour pouvoir continuer à exercer son noble métier avec votre bénédiction? Est-ce que vous êtes sûre que je l'ai rencontré, au moins, ce joli coco?

Elle. – Les informations viennent de plus près de vous. C'est quelque chose qu'il vous faudra régler en famille.

Lui. – Qu'est-ce que c'est que ces conneries? Vous cherchez à m'embobiner, avec ces sous-entendus dégueulasses? Vous voulez que je doute de ma propre famille? C'est un de vos trucs, un moyen de m'enfoncer en vous enfonçant plus encore? Vous touchez le fond.

Elle. – Je n'aurais peut-être pas dû vous en parler, mais de toute façon vous le lirez bientôt dans le dossier.

Lui, *réfléchissant.* – Ça ne peut pas être mes enfants. Ils ne connaissent rien de mes affaires. À moins qu'un papier n'ait traîné. Nom de dieu! Ça ne peut pas être ma femme. Mon frère? Dites-moi la vérité : ces infos, vous les avez eues avant ou après le début de l'enquête? *(Silence.)* Ah! c'est diabolique! Je doute de tout. Ma secrétaire? C'est elle? Non, elle n'est pas au courant.

Elle. – Pardon?

Lui. – Quoi?

Elle. – Vous avez dit « elle n'est pas au courant ». Vous admettez donc la réalité de la fraude fiscale?

Lui. – Qu'est-ce que vous allez chercher? Je dis juste qu'elle ne fait pas partie de ma famille. C'est ça. J'ai dit « au courant » au lieu de « famille »? C'est la fatigue, ma langue a fourché.

ELLE. – Ça peut vous sembler habile, de nier ici. Mais devant les juges de la 11ᵉ Chambre, ça risque de se retourner contre vous. La Cour ne verra que les preuves, et le fait que vous ne regrettez pas, puisque vous n'admettez rien.

LUI. – Mon avocat s'arrangera avec la Cour.

ELLE. – Quand il aura vu le dossier, votre avocat vous dira de collaborer. Comme il l'aurait fait s'il avait été ici avec vous. Pour vous aider, au lieu de siroter des cocktails au soleil.

LUI. – Quel dossier? Trois fournisseurs qui ne confirmeront peut-être même pas leurs mensonges devant le juge? Une évasion fiscale impossible à démontrer avec des moyens de loi? Il vous reste quoi? Des notes d'hôtel personnelles, que quelqu'un à la comptabilité a enregistrées par erreur en notes de frais? Vous n'avez rien.

ELLE. – Vous vous croyez protégé, à l'abri. Vous ne l'êtes pas.

LUI. – Parce que quelqu'un de ma famille m'a lâché?

ELLE. – Parce que si cette personne vous a lâché, c'est peut-être que tout le monde vous a lâché. Les amis, dans les affaires…

LUI. – Ça ne vaut pas grand-chose, je vous le concède.

ELLE. – Et au premier coup de vent…

LUI. – Tout le monde sera prêt à s'entretuer pour prendre ma place. Alors relâchez-moi, bon dieu! Laissez-moi défendre ma peau.

ELLE. – Parlez-moi de ces commissions à l'étranger.

LUI, *prudent*. – Qu'est-ce que vous voulez savoir?

ELLE. – Tout, ce serait bien. Ça vous attirerait la sympathie de la Cour, qui ne déteste rien tant que quelqu'un qui ne s'estime pas coupable. Donnez au tribunal une bonne raison pour être clément : les juges y seront enclins, au vu de votre passé.

Lui, *hésitant*. – Qu'est-ce que ça veut dire, « tout » ?

Elle. – Je ne vous aiderai pas cette fois-ci. Vous avez vu que mes dossiers sont solides. Croyez-moi, l'enquête a été exhaustive et vous ne ferez que confirmer ce que je sais.

Lui. – Mon avocat m'a conseillé le silence.

Elle. – Votre avocat n'a pas vu le dossier, il n'est pas là, et il ne vous a visiblement pas préparé au pire. Comprenez bien que si vous êtes incarcéré, votre vie s'arrête. Point. Après la prison, votre personnalité ne sera plus la même. Fini le conquérant, le corsaire ! Votre vie de famille, le regard de vos enfants, vos proches, tout changera. Et je ne vous parle même pas de vos sociétés, où le nouveau président ne vous laissera pas mettre un pied à moins de cent mètres de vos bureaux. Il vous restera quoi ? À vendre votre carnet d'adresses. Et même là, vous vous apercevrez que plus grand monde ne vous prendra au téléphone.

Lui. – Nom de dieu !

Elle. – La seule chose qui puisse adoucir le choc, c'est votre attitude. Ici, avec moi. Maintenant.

Lui. – Je peux appeler mon avocat ?

Elle. – Non, désolée.

Lui. – Il reste encore combien de temps jusqu'à la fin de la garde à vue ? Il n'y a aucune pendule dans tout l'immeuble, c'est exprès ?

Elle. – Je n'ai pas l'heure.

Lui. – Une heure ? Quinze heures ? Je n'ai plus aucune notion du temps, merde !

Elle. – Décidez-vous.

Lui. – Tout le monde verse des commissions. Il y a tout un paquet de pays où aucune affaire ne se ferait sans ça. À commencer par l'Afrique, où vous ne pouvez enlever un contrat à la Chine qu'à force de bakchichs.

Elle. – Vous l'avez fait ?

Lui. – Pas personnellement. Je ne suis pas postier, je ne distribue pas les enveloppes.

Elle. – Vous l'avez cautionné ?

Lui. – Je suis un peu au-dessus de ça. Vous croyez qu'on vient me voir chaque fois qu'il faut graisser la patte à un douanier pour que la marchandise quitte enfin le port ? C'est ridicule.

Elle. – Je ne vous parle pas de pourliches de dix balles au serveur, je vous cause de millions versés à des intermédiaires. Vos employés font ça sans vous consulter ?

Lui. – Disons qu'ils m'en informent.

Elle. – C'est tout ? Vous êtes un homme de paille ?

Lui. – Ne soyez pas impertinente.

Elle. – Ne jouez pas les irresponsables.

Lui. – Le fait est que, quand je donne mon feu vert à une opération sur l'étranger, une enveloppe est budgétée pour les frais de médiation. Je ne rencontre pas pour autant les intermédiaires. Je traite avec les chefs d'État.

Elle. – Les affaires qui m'intéressent sont celles qui exigent une discrétion absolue.

Lui. – Comme par exemple ?

Elle. – Je vous propose de retourner en cellule, le temps que la mémoire de vos plus grosses affaires sensibles vous revienne.

Lui. – Le Mali, la Syrie, Taïwan, tous les pays où nous sommes introduits par les services du Quai d'Orsay.

ELLE. – Le nom des intermédiaires ?

LUI. – Khalifa au Mali, Serdine en Syrie, Bildeberg à Taïwan.

ELLE. – Les montants ?

LUI. – 2 % de chaque opération. Entre cent et cinq cent millions d'euros.

ELLE. – Les rétrocommissions ?

LUI. – Un tiers du montant des commissions sensibles revient en France.

ELLE. – Leur répartition ?

LUI. – 20 % à l'UMP, 10 % au PS, 3 % à l'intermédiaire.

ELLE. – Rien pour vous ?

LUI. – Je ne suis pas dingue.

ELLE. – Bien. Les noms des réceptionnaires de l'argent dans les partis politiques ?

LUI, *méfiant.* – Dites-m'en un, pour voir ?

ELLE. – Je ne joue pas à ce petit jeu. C'est vous qui parlez.

LUI. – Celui du PS. Vous connaissez celui du PS ?

ELLE. – Dumourier, pour commencer. Les autres ?

LUI. – Vous ne les connaissez pas, hein ? Vous n'en connaissez aucun ! Vous m'avez cité Dumourier au flanc, parce que c'est le trésorier du PS. Vous allez à la pêche et vous voulez me faire plonger. Vous vous êtes plantée.

Silence.

ELLE. – Quelle erreur ai-je commise ?

Lui. – Demander le nom des réceptionnaires. C'était nul. On n'en est plus à la grande époque des valises. Avec Internet, c'est devenu inutile. On ne remet pas l'argent à quelqu'un. C'est anonyme. Tout se passe via les comptes de sociétés-écrans et revient sous la forme d'une multitude de dons, qui donnent en plus l'impression qu'il y a des tas de nouveaux adhérents aux partis. C'est gagnant-gagnant.

Elle. – Pourquoi ne pas me donner le nom de ces sociétés ? Vous vous êtes déjà pas mal mouillé.

Lui. – Je vous ai dit n'importe quoi sous le coup de l'épuisement. Votre technique est très au point. Vous aussi vous avez évolué. Plus besoin de coups de bottin sur la tête, la violence est cachée. Rabaisser le suspect, le faire trembler, lui laisser imaginer le pire dans votre appartement-témoin de la prison, l'empêcher de dormir… C'était vrai, le coup d'un membre de ma famille qui m'a trahi ? *(Silence.)* C'était fort, très fort. Dégueulasse, mais efficace. C'est là que j'ai craqué. En me sentant seul comme jamais. Et pourtant, j'ai l'habitude d'être seul.

Elle. – Une solitude bien plus grande vous attend à la Santé. Je vous offre la chance d'y entrer en héros, en homme qui a mis fin au système.

Lui. – Arrêtez les enfantillages.

Elle. – Je ne plaisante pas. C'est mon dossier. Je peux le présenter comme si vous étiez venu spontanément, pour mettre fin à des pratiques qui avilissent les affaires. Je peux même faire oublier l'ABS et l'évasion fiscale qui sinon pèseront lourd. Vous gardez votre argent, vos sociétés et le respect de vos enfants contre moins d'un an de prison. Vous êtes joueur, non ? Regardez l'enjeu posé sur la table.

Lui. – Je veux bien être reconduit en cellule maintenant. J'ai un petit coup de barre. Je vais peut-être même dormir.

ELLE. – Ça ne vous tente pas, de sortir par la grande porte ? Devenir le patron qui a moralisé le monde des affaires et les a fait entrer dans le XXIe siècle ?

LUI. – Il a déjà bien commencé et, si vous voulez le savoir, le XXIe siècle sera financier ou ne sera pas. Vous pouvez condamner et déclasser tous les vainqueurs du Tour que vous voudrez, vous ne mettrez pas fin au dopage dans le cyclisme. Et l'argent, croyez-moi, est une drogue autrement plus puissante qu'une victoire d'étape hypothétique.

ELLE. – C'est dommage. Vous en chevalier blanc, ça aurait eu du panache. Plus en tout cas que le procès qui vous attend.

LUI. – Ma vie m'attend. Vous m'en avez retiré quarante-huit heures, et la justice essaiera de gratter aussi quelques mois, c'est tout. Vous pouvez me faire reconduire en cellule ?

ELLE. – Ce ne sera pas nécessaire. Je vais vous faire rendre vos effets personnels.

LUI. – Nous en avons fini ?

ELLE. – La garde à vue est terminée.

LUI. – Dommage. Je commençais presque à m'y habituer.

ELLE. – Si ça vous manque trop, appelez-moi. Je peux vous arranger ça.

Il se lève et lui tend la main. Un petit temps d'hésitation, puis elle lui tend la sienne.

LUI. – J'imagine que nous ne nous reverrons plus.

ELLE. – Nous ne fréquentons pas les mêmes cocktails.

Elle soulève le combiné du téléphone. Il arrête son geste.

Lui. – Si vous m'avez menti sur la trahison d'un membre de ma famille, vous avez pris pour gagner un risque considérable, mais stupide. Je le saurai dans quelques jours, dès que mon avocat aura pris connaissance du dossier. Et je vous promets de vous faire casser. *(Un sourire.)* Il ne vous restera même pas de carnet d'adresses à négocier. *(Un temps.)* Mais je suis prêt à vous embaucher. Au triple de votre salaire annuel.

Elle. – Pourquoi cette générosité ?

Lui. – Vous me plaisez.

Il se détourne.

Elle. – Vous avez été très fort. Vous êtes coupable. De tout.

Lui. – Qu'est-ce qu'il va se passer maintenant ?

Elle. – Mon dossier est en béton, mais vous n'avez pas avoué. Le procureur général va me lâcher. Ça lui permettra de sauver son poste dans le cas où le jugement vous serait favorable. Et si votre avocat est bon, vous avez une petite chance de vous en tirer.

Il regarde autour de lui.

Lui. – Drôle d'écrin pour une rencontre.

Elle s'approche de lui à le toucher.

Elle. – Les preuves sont accablantes, vous savez.

Lui. – Ça ne peut pas disparaître, des preuves ?

Elle. – Désolée, je ne sais pas faire ça.

Lui, *avec un sourire.* – Je vous apprendrai.

FIN

2e trimestre 2014
2e édition, dépôt légal : juin 2014
N° d'édition : 201434
ISBN : 978-2-84422-954-0